中小学海洋文化教育系列丛书

山东省大中小学海洋文化教育研究指导中心推荐

曲金良　王海涛 ◎ 总主编

齐鲁海韵

Qilu Haiyun

李明春　宋　慧 ◎ 主编

**小学版
下**

中国海洋大学出版社

·青岛·

图书在版编目（CIP）数据

　　齐鲁海韵：小学版·下 / 李明春，宋慧主编 . —青岛：
中国海洋大学出版社，2021.12
　　ISBN 978-7-5670-3032-9

　　Ⅰ. ①齐… Ⅱ. ①李… ②宋… Ⅲ. ①海洋学—小学
—教学参考资料 Ⅳ. ① G623.453

　　中国版本图书馆 CIP 数据核字（2021）第 248014 号

出版发行	中国海洋大学出版社
社　　址	青岛市香港东路 23 号　　　　　　**邮政编码**　266071
出版人	杨立敏
网　　址	http://pub.ouc.edu.cn
电子信箱	wangjiqing@ouc-press.com
订购电话	0532-82032573（传真）
责任编辑	王积庆　　　　　　　　　　　**电　　话**　0532-85902349
印　　制	青岛中苑金融安全印刷有限公司
版　　次	2022 年 1 月第 1 版
印　　次	2022 年 1 月第 1 次印刷
成品尺寸	185 mm × 260 mm
印　　张	6.75
字　　数	90 千
印　　数	1~5000
定　　价	29.80 元

发现印装质量问题，请致电 0532-85662115，由印刷厂负责调换。

齐鲁海韵

总主编

曲金良　王海涛

顾 问

刘宗寅

编 委 会

主　任　张　静

副主任　杨立敏　陈　篱　李夕聪

委　员（按姓氏笔画为序）

刘文菁　刘向力　刘洪涛　纪丽真　李　丽

李学伦　李建筑　宋　慧　季　托　徐永成

总 策 划

李夕聪

执 行 策 划

纪丽真　张　华　滕俊平　王积庆　邓志科

小学版（下）

本册主编　李明春　宋　慧

副 主 编　董　璇

参编人员　李　齐　潘红琪　董彩霞　曲俊娟

　　　　　王雪芹　王冬冬　王海清

目　录

黄河入海口与
贝壳堤岛的壮美

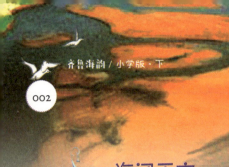

海阔天空

黄河入海

　　我们的山东半岛拥有悠久的历史和壮美的景观。在这里，有大诗人李白笔下"黄河之水天上来，奔流到海不复回"的壮美的黄河入海口，也有"神笔传说"中由一支神笔变幻而来的贝壳堤岛。相信同学们一定想要大饱眼福，那就让我们插上寻美的翅膀，一起遨游在这壮观美丽的美景之中吧！

　　都说黄河是我们的母亲河，它是中华文明的发源地，孕育了我们中华儿女。想不到"黄河的入海口"竟然在我们的山东，我迫不及待地想要领略黄河入海口的魅力！

　　我还知道我国有一条唯一海陆连接的古道——"海青古道"！

　　真的有"神笔传说"吗？渤海岸边真的有传说中由神笔变幻的贝壳堤岛吗？好想去看一看！

一、海陆文明交汇的地标
——黄河入海口

诗仙李白曾写过"黄河之水天上来，奔流到海不复回"，诗人王之涣也写道"白日依山尽，黄河入海流"。在山东东营的黄河入海口，就有黄河如同黄龙深入蔚蓝的大海中这样壮美的景色。

黄河是我们的母亲河，黄河流域是中华文明的摇篮。黄河从青藏高原源头的涓涓细流开始，一路汇聚了众多支流的水量，逐渐壮大奔腾，它流经了中国地势的三大阶梯，贯穿了整个山东西部、北部，最终在山东东营的海岸带奔流入海。

▲ 黄河口生态旅游区

追随诗人的脚步，我们来到位于山东省东营市垦利区黄河口镇境内的黄河入海口，它地处渤海与莱州湾的交汇处。由于黄河是世界上含沙量最高的河流，在

▲ 黄河入海口颜色界限分明

黄河入海口我们可以看到裹挟着滚滚泥沙如同黄龙般的黄河水汇入了清澈蔚蓝的渤海海水中，海面上形成了一条明晰的界限，堪称天下奇观。

 智慧屋

　　同学们，如果你是诗人李白，当你穿梭时空来到现在的黄河入海口，你会怎样赞美它？

_____

_____

资料库

　　现在的黄河入海口不仅景色壮美，而且物产丰富。黄河入海口的独特位置和水文条件，孕育了这里广阔而物种丰富的湿地生态系统，这里有著名的黄河三角洲国家级自然保护区，被誉为鸟类的天堂。这里还有丰富的植被，植被覆盖率高达53.7%，形成了中国沿海最大的海滩植被。该自然保护区内还分布着

▲ 黄河三角洲鸟类

野生动物 1500 余种，其中有很多国家级重点保护动物。如今，这里已经开发了入海口湿地生态公园、黄河大堤河滨公园、垦区文化纪念馆、入海口农业观光园等旅游体验项目。

黄河入海口所处的东营市垦利区不仅是著名的红色革命老区，还是我国第二大油田——胜利油田的发祥地和主产矿区。胜利油田的第一口高产油井就是在黄河入海口附近的胜坨镇胜利村开采成功的，自开发建设以来，其已探明石油地质储备的 70% 都出自垦利区的地下。

黄河入海口孕育生成的三角洲自然生态景观和宏伟壮丽的油田井架成为我国海陆文明交汇的地标。

▲ 胜利油田钻井平台

搜索吧

你还想与大家分享哪些有关黄河入海口的知识或者景色？请查找资料，结合资料写一写你的分享演讲稿。

_____

_____

二、海陆变迁的世界奇观
——无棣贝壳堤岛

渤海海岸上有一个满是贝壳的贝壳堤岛，它位于山东北部滨州市无棣县境内，距今已有 5000 年的历史，是国内独有、世界罕见的古贝壳滩脊海岸。它与美国路易斯安那州古贝壳堤和南美苏里南贝壳堤并称为世界三大古贝壳堤。无棣贝壳堤岛是目前世界上保存最完整、唯一新老堤并存的贝壳堤岛。

贝壳堤岛是在特定的地质条件和地理

▲ 贝壳堤岛

环境下形成的独特地质地貌，是海陆变迁的历史印迹。无棣贝壳堤岛规模宏大，由 40 多个裸露型贝壳岛连接而成，总面积为 80480 公顷。其贝壳质含量 90% 以上，由完整贝壳、贝壳碎屑和贝壳砂组成的砂层厚度 2.5~5 米，是中国乃至世界上罕见的海洋自然遗迹。

　　2002 年，无棣贝壳堤岛被山东省政府列为省级贝壳堤岛与湿地系统自然保护区，2006 年成为国家级自然保护区。保护区内分布两列古贝壳堤，第一列在埕口镇以北，位于张家山子—李家山子—下泊头—杨庄子一线，长近 40 千米，埋深 0.5 ~1 米，贝壳层厚 3 ~5 米，形成于全新世中期，距今 5000 年左右；第二列在埕口镇东北，位于大口河—旺子堡—赵砂子一线，长近 22 千米，由 40 余个贝壳岛组成，岛宽 100~500 米，贝壳层厚 3~5 米，属裸露开敞型，形成于全新世晚期，距今 2000~1500 年。这两列古贝壳堤绵延 76 千米，贝壳储量 3.6 亿吨，两堤都与河北省的贝壳堤相连，组成规模宏大的世界罕见、国内独有的贝壳滩脊海岸。这里还被誉为"天然生物博物馆"，海洋资源和动植物资源都极其丰富。

神笔传说

很久以前，在渤海边上有个叫古埕子口的水旱码头。码头的旁边有一家小中医药铺，药铺的掌柜姓朱，早年妻子过世，带着一个6岁的女儿朱小妹相依为命。一天，父女俩救了一只受伤的白狐并细心呵护，白狐为报恩，死后把尾巴留给了父女。

▲ 贝壳堤岛上的贝壳

一次，朱掌柜想抄医书找不到常用的毛笔头，看见挂在墙上的狐尾，就用狐尾巴毛做了一个笔头。没想到笔尖刚落在纸上，整本医书就写好了。原来白狐留给自己的宝物成了一支能实现自己愿望的神笔。为了防止神笔落入心怀叵测的坏人手中，朱掌柜将神笔小心藏起来，不再拿出使用。

这年冬天，朱小妹嫁到广武城（今无棣县东北部），神笔就做了嫁妆。婆家嫌朱小妹家境贫寒，就把夫妻俩撵到一个破旧的院子里住，院子里什么家什也没有。小妹被逼无奈拿出笔画了烛火、炉子、锅碗瓢盆和一些米面解决困境，又画了织布机和一架纺车，每天纺线织布，小日子渐渐红火。邻居遇到揭不开锅的时候，小妹也会画一点食物给穷邻居送过去。

朱小妹有支神笔的消息很快传开了，一伙匪徒把夫妻二人绑走，威胁小妹给他们画金银财宝。小妹画了好酒好肉哄骗匪首，趁匪徒们吃得高兴，拉着丈夫逃跑，却被匪徒追上。为了不让神笔落入土匪手里，小妹顺手抓起一个蛤蜊，把壳掰开一条缝隙，将笔头塞进去，又拔了几棵黄须菜放到上面做记号。

匪徒们没有搜到神笔，威胁说要杀死小妹的丈夫。小妹只好带着匪徒们去找神笔。可当小妹找到藏宝的地方时大吃一惊，那个藏有神笔的蛤蜊早就没了影子，而原先光秃秃的土岭子上遍地都是贝壳，而且还不停地从土里往外冒。匪徒们以为是得罪神灵了，吓得一哄而散。

就这样，在广武城北面的渤海岸边上出现了一条前不见头后不见尾的贝壳堆积的高高岗子。传说这就是无棣贝壳堤岛的由来。

资料库

无棣贝壳堤岛形成原因

贝壳堤岛由海生贝壳及其碎片和细砂、粉砂、泥炭、淤泥质黏土薄层组成。历史上，黄河以"善淤、善决、善徙"著称，黄河携带大量细粒黄土物质，多次在渤海湾南岸、西岸改道迁徙入海，在此塑造了世界上最大的淤泥质海岸。当黄河改道、河口迁

▲ 无棣贝壳堤岛

徙到别处时，随着泥沙入海量的减少，海岸不再淤积延伸，海水变得清澈，种类繁多的海洋软体动物会在相对清澈的海水里繁衍生息，提供了充足的贝壳物源。最重要的是海浪潮汐运动，将贝壳搬移到海岸堆积，随着贝壳的逐年累积，就形成了独特的贝壳滩脊海岸。一旦黄河改道回迁，贝壳堤即因海水较淡而浑浊的淤泥岸不利于贝壳生长而停止成长。在贝壳堤外，泥沙淤积成陆，海岸线又向前伸，贝壳堤则远离海岸。因此，由于黄河的来回迁徙，海岸线走走停停，淤泥与贝壳堤交互更替，在渤海湾南岸、西岸形成多条平行于海岸线的贝壳堤。今天我们所看到的无棣贝壳堤岛就是海陆变迁的壮美景观。

制作室

创意贝壳画

准备材料：彩色卡纸、多种贝壳、胶水、调色盘、板刷、画笔等。

制作步骤：

第一步：去海边收集各种各样的贝壳，细心观察贝壳的不同形状，展开自己的想象。

第二步：选择自己喜欢的卡纸，在卡纸上勾画出贝壳粘贴的背景，并进行涂色。

第三步：选择需要粘贴的贝壳涂上自己喜欢的颜色，将涂好色的贝壳粘贴到相应的位置。

第四部：晾干之后，可以对背景做最后的处理，也可以利用橡皮泥制作、小石子粘贴、剪贴画等方式使画面更丰富、和谐。

创意贝壳画作品

▲ 制作人：青岛莱芜一路小学　董嘉荷　李泽羽

▲ 制作人：青岛莱芜一路小学　周锦娴　滕一诺

▲ 制作人：青岛莱芜一路小学　周锦娴　滕一诺

三、海陆连接古道
——"海青古道"

海青古道是古时从海州（今江苏连云港市）到青州的通道，是全国唯一的海陆连接的古道。海青古道途径山东四个文化历史悠久的地区——青岛市西海岸新区海青镇、诸城市桃林镇、日照市五莲县潮河镇、日照市山海天旅游度假区。

▲ 茶马古"北"道

▲ 海青镇景色

▼ 北茶商街

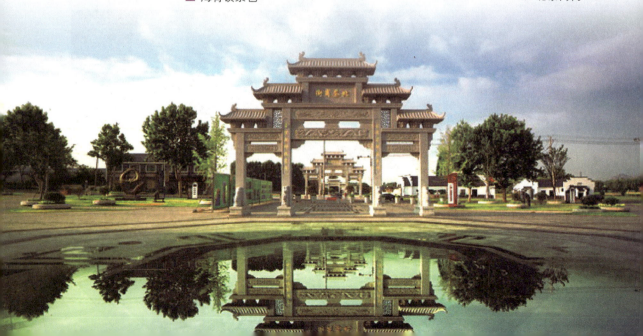

搜索吧

你对海青古道连接的哪一个地区最感兴趣？查阅资料，了解一下那里的风土人情和地域特产，和你的同伴们交流一下！

_____

_____

信息港

海青茶园

海青茶园位于青岛市西海岸新区海青镇北部山区，翠龙山脉腹地，是青岛市农业精品工程之一，被列为青岛市农业生态旅游示范点，也是全国农业旅游示范点。现已建成国家级无公害精品茶园 5000 亩，是我国纬度最高的大型绿茶生产基地，被称为"北茶之源"。

▲ "北茶之源"

▲ 海青茶

海青绿茶以其独特的地方风味享誉大江南北。由于纬度高、光照时间长、气候湿润、自然越冬时间长，造就了海青茶叶片厚、黄绿汤、豌豆香的好品质。

海韵览胜

　　我们惊叹于黄河入海口和贝壳堤岛的壮美，也感慨于海陆景观带给我们的文化魅力。海洋和陆地的相交相连就如同中华儿女血脉中流淌着民族情怀、同胞情谊，彼此相依，互为相助。正是海洋和陆地孕育了我们，对它们的开发建设也让我们的生活日新月异。所以，让我们为保护海洋、保护家园奉献自己的一份力量吧！

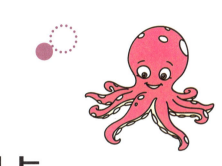

蓬莱阁与
成山头的风姿

▲ 蓬莱阁

海阔天空

蓬莱的悠久历史

秦始皇完成统一大业后，大修长城，四处修道铺路。几年工夫，从咸阳城通往四面八方的条条宽敞大道便修成了，秦始皇就点兵布马，坐上龙车，在丞相李斯、大将蒙恬的陪同下，到全国各地巡视。

秦始皇得知"蓬莱""方丈""瀛洲"三座仙山上有能让人长生不老的灵芝仙草，便派徐福带着童男童女为自己出海访仙问药。同时，秦始皇在东巡过程中，也带人先后去往蓬莱、成山头，寻求长生不老之药。

蓬莱自古以来有"人间仙境"的美誉，传说中的八仙过海就在这里，有许多宫观，其中临崖而建的蓬莱阁是最有名的，被称为"天下第一阁"，也是帝王访仙问药、文人骚客挥毫泼墨的佳境胜地。

成山头是大陆伸向海洋的最东端，自古以来就是名胜之地，留有大量的历史遗迹和人文景观，是中国最美八大海岸之一。

蓬莱阁枕山卧海，成山头岬角曲折多姿。让我们穿越时光隧道，通过先人播撒的一路珠玑，来领略蓬莱阁和成山头历史的辉煌。

蓬莱阁为什么会成为"天下第一阁"呢？它到底有哪些值得称颂的地方呢？

成山头有哪些独特的自然和人文景观？

相传秦始皇多次东巡，留下了很多传说。那么关于秦始皇的传说都有哪些？

 一、登临第一阁，观奇景，品仙境

站在远处眺望，蓬莱阁雄踞于丹崖山上。沿着青石板路往上，到达山顶，一座双层木结构建筑拔海而起，赭红的门窗、大红的楹柱，色彩艳丽，飞檐列瓦、雕梁画栋，顿觉一股古朴之气袭来。登临阁上，凭栏远眺，北面碧波连天，长山列岛若隐若现，层层海浪涌向岸滩，冲击着山底下的礁石。南面万家高楼林立，行人车辆如织；西面田横古寨，郁郁苍苍；东面，古代的海军基地——水城倚着丹崖绝壁，古炮台上几门大炮锈迹斑斑，依然面朝大海，它们昂首向天，好像与戚家军英魂一起在抗击来犯者。俯瞰，绿树丛中，依山而上的亭坊、楼阁、殿堂、庙祠高低错落，掩映其中，宛如置身于天上仙宫。

▲ 蓬莱阁

搜索吧

查阅资料，了解蓬莱阁的历史和建筑。

我查到的资料：

_____

_____

资料库

　　蓬莱阁创建于宋嘉祐六年（1061年），明万历十七年（1589年）巡抚李戴扩建了一批殿阁，清嘉庆二十四年（1819年）知府杨丰昌和总兵刘清和主持重修，使得蓬莱阁扩大了规模，后经多次修缮，建筑面积18960平方米，1982年被列为国家重点文物保护单位。

　　蓬莱阁坐落在烟台市蓬莱区北部的丹崖山顶，阁高 15 米，坐北朝南，是双层木结构建筑，四面回廊，重檐八角。阁底环列 16 根大红楹柱，阁上有一圈明廊环绕。

　　阁南是道教宫观，有三清殿、吕祖殿、天后宫、龙王宫等，阁东有卧碑亭和纪念苏轼的苏公祠，阁东南是观赏日出的观澜亭，西侧是观望海市蜃楼的海市亭，也叫避风亭。阁后有仙人桥，传为八仙过海处。庞大的古建筑群依山势建造，陡峭险峻，与绿树碧水相映，气势雄伟，风光壮丽。

▼蓬莱阁

八仙过海，各显神通

有一年，张果老、铁拐李、汉钟离、韩湘子、吕洞宾、曹国舅、何仙姑、蓝采和八位仙人赶赴蟠桃会，回来后在蓬莱阁上歇息。他们品茶饮酒，商量着漂洋过海去游玩的事。议论来，商量去，大伙一致推举德高望重的张果老带头。张果老慢条斯理地道："列位仙友，要跨过眼前这波涛滚滚的大海，咱们各显其能吧。"其余七仙听了，个个笑得前仰后合，异口同声地说"张老此话真矣！凭着咱们这天上地下鼎鼎有名的八大神仙，莫道过这东洋大海，就是远渡五洋四洲，也易如翻掌，轻似弹灰！"说着，一个个取出各自的法宝，准备施展身手。年轻的蓝采和性子最急，只见他把手中的竹篮往海水中一抛，竹篮变作彩船，蓝采和跳上彩船，把手一挥，那小小的彩船便像箭一般飞驶起来，乘风破浪朝着远方驶去。铁拐李急不可待地把宝葫芦从身后往胸前一转，那宝葫芦里头"咕嘟咕嘟"喷出一股黄气，黄气变成了一只金光闪闪的凤凰，铁拐李骑着凤凰飞走了。何仙姑不肯示弱，将绿叶红荷花扔向水中，荷花变作花船载着何仙姑驶远了。韩湘子看了，心急手痒起来，只见他把古铜色的箫一扬，宝箫变成了一只仙鹤，背着韩湘子飞远了。曹国舅把他的云板变成一座长桥连接两头，踏上长桥，念了个缩路咒，不见了。吕洞宾将宝剑变作一道彩虹，他迈上去，走一步，身后的彩虹卷一卷，最后成为一朵彩云，载着他飘远了。汉钟离摇了摇乾坤扇，扇子变成碾盘大的梅花云，他坐在云朵中间飘走了。张果老见七仙已过海，便敲击渔鼓，神驴跳了出来，他倒坐在驴背上，扬头追赶去了。

众仙人利用自身的宝器纷纷渡海而去，真可谓"八仙过海，各显神通"啊！

搜索吧

　　蓬莱阁自修建起，就有名人学士陆续来到，他们登临远眺，观海述景，以至阁内到处可见楹联、题刻、手记，人文景观丰富。

　　历史上都有哪些名人来过蓬莱阁，留下了哪些手记呢？

　　可以上网、到图书馆借阅图书查阅，也可以询问去过蓬莱阁旅游的人。

_____

_____

资料库

　　苏轼手迹"人间蓬莱"匾额，衬蓝贴金，高悬在四柱冲天的牌楼上。

　　主阁阁底正门悬挂的巨匾"蓬莱阁"，是清代大书法家铁保手书。

▲ 人间蓬莱

　　蓬莱阁东侧，院落墙上的"碧海丹心"是近代爱国将领冯玉祥手迹。

避风亭内有石刻25方，9方是明朝袁可立《观海市》诗，明朝书法家董其昌书丹，石刻高手温如玉摹勒刻石，三位大家珠联璧合，实为三绝。

卧碑亭里的石碑正面刻行草《题吴道子画》，背面刻苏轼的正楷《登州海市并序》。

清代大学者阮元给天后宫戏楼两侧的三尊巨石命名为三台石，是珍贵的隶书刻石。

五代道人陈抟老祖写的草书体"寿"字碑立在天后宫前院弯处。

由于战争，蓬莱阁上的石像，名人手记、石刻曾经被毁，后来又重建、翻建，重塑雕像。今存石刻200余方。

蓬莱阁所处的地理环境独特，景色变幻无穷，若是在春夏之交时登阁，就有可能看到海市蜃楼：那飘浮在空中的琼楼玉宇，那不断流动的小城街市，瞬间或变小，或变大，或变为其他事物，恍然时一切皆消失无踪了。

峻拔的古建筑群，秀丽的山海风光，悠久的历史文化，美丽的神话传说，虚无缥缈的海市，交相辉映，构成了雄壮瑰丽的景观，无愧于"四大名楼"之一的美称。

智慧屋

看上面两幅图中蓬莱阁附近在不同时间段的美景，你想到了哪些诗句？

_____

_____

_____

_____

搜索吧

查阅资料，了解海市蜃楼时的奇特景象。

我查到的资料：

_____

_____

工艺坊

根据你查到的资料，想象一下海市蜃楼，并用画笔把你的想象画出来。

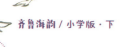

二、攀爬成山头，忆东巡，敬英魂

领略了集山海城阁于一体的蓬莱阁，再一路东行，来到成山山脉的最东端——成山头。成山头是中国大陆探向海洋的"东极之地"，也叫"天尽头"。这里可以最早看到海上的日出，被誉为"太阳启升的地方"，是中国的"好望角"，春秋时期被称为"朝舞"。

▲ 成山头秦始皇东巡雕像

沿着海边步行，欣赏着秦始皇东巡的石刻群雕。秦始皇端坐在车上，眸光犀利，霸气十足；将士们身着盔甲，骑着高头大马，威风凛凛。始皇庙里，巨大的始皇塑像头戴王冠、神态威严。置身其中，仿佛回到两千多年前，看始皇帝指点江山，四处巡察。

继续攀爬，终于来到"天无尽头"石刻旁，抚触着如刀削般的崖壁，听若狮怒吼的涛声，看崖下巨浪翻腾拍打奇石怪礁溅起的飞雪，观远处碧波浩渺，海天相连，不禁心胸开阔。抬头东望，灯塔矗立，雾笛陪伴在一旁，好像时刻准备着为船只鸣笛引航。

▲ "天无尽头"石刻

智慧屋

秦始皇为什么要东巡呢？他共东巡了几次？

_____

_____

_____

_____

_____

《史记》记载，姜子牙助周武王平定天下后，在成山头拜祭日神，迎接日出，并且修建了日主祠。

秦始皇为了巩固政权，求得长生之药，公元前219年开始了东巡，第一次就来到了日神的居住地——成山头，祭拜日神。公元前210年，秦始皇再次来到此地，修建了行宫、建造长桥，让丞相李斯写下了"天尽头秦东门"，并在山顶立下石碑。

▲ 成山头秦始皇东巡雕像

关于"秦桥遗迹""秦代立石""射鲛台"等历史遗迹，流传着许多传说。

搜索吧

请查一查，秦始皇东巡都有哪些传说？

我查到了：

_____

_____

_____

资料库

　　成山头在我国的最东面，三面环海，一面靠陆。它自古以来就是兵家必争之地，三国、隋、唐、明都在这里发生过兵事，而晚清时期的中日甲午海战就是在成山头以东的海面上进行的。这一战震惊中外，爱国将领邓世昌在这场海战中壮烈殉国，光绪皇帝为表彰他与战舰共存亡的英雄气节，御赐碑文，谥号"壮节"，至今还保存在始皇庙里。

　　为国捐躯的英魂永远值得人们敬仰。

实践栏

　　让我们制订一个到蓬莱阁和成山头旅行的计划吧。

　　先查找资料，将自己感兴趣的景点罗列出来；再看地图，确定线路；最后将旅行计划写出来。

海韵览胜

　　潮起潮落，无论是黄渤海湾畔的小城，还是南北黄海的交接处的岬角，都历经了几千年的沧桑变幻，秦皇汉武皆东巡至此，积淀了厚重的历史文化底蕴，留下了丰富的人文景观；独特的地理位置和海岸地貌，形成了雄奇多姿的山海风光；美丽动人的神话传说，人文色彩浓郁的八仙文化，保家卫国、甘愿牺牲的爱国精神，千百年来让无数的人心驰神往，为齐鲁大地增添了一份神秘的色彩。

崂山与琅琊台的风采

海阔天空

海外仙山——崂山

　　山东半岛南部的黄海之滨，矗立着我国海岸线第一高峰——崂山，它位于青岛市东部，云海变幻，灵秀清幽，被誉为"海上名山第一"。《齐记》中有"泰山虽云高，不如东海崂"的记载。位于青岛西南处的琅琊台，三面环海，依山而建，是我国最古老的"海滨天文台"。

　　崂山、琅琊台临海而立，山光海色，礁岛棋布；山脚港湾环抱，村庄鳞毗。它们有古老的文化沉淀，有许多动人的人文景观，是一部厚重的历史书，是人们登高望远、强身健体、访古探幽、开阔心胸的地方。漫步其中，呼吸着清新的空气，耳听闻名遐迩的传奇故事，仿若穿越了时空。碧海、蓝天、青山、村落、海湾相映生辉，构成了一幅壮丽的海、天、山画卷。

崂山好玩吗？有哪些有趣的故事呢？

关于琅琊台，有哪些有趣的传说？

山东乃至全国还有哪些值得了解的海陆景观？

照片提供：杨晔

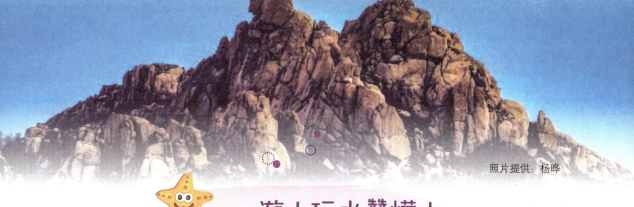

照片提供：杨晔

 一、游山玩水赞崂山

　　沿着险陡的山路拾级而上，路边茅草萋萋，野花点点；两侧是悬崖峭壁，直耸云霄；回望是碧海连天，波光粼粼，风起时，则惊涛拍岸。奇峰兀立，怪石嶙峋；古木参天，郁郁葱葱；流水潺潺，百鸟啾啾；道观寺庙，石刻洞府，时隐时现。待到顶端，抬眼望，群山连亘，苍翠峭拔，云遮雾绕；倾耳听，林涛、海涛阵阵，声声入耳；低头看，茫茫大海，点点白帆，仿若置身于天上瑶台之中。

资料库

　　崂山山海相连，美不胜收。秀峰奇石，千姿百态，栩栩如生：巨峰、五指峰、美女峰、比高崮、自然碑、蟠桃峰，青蛙石、瑶池、轮船石、八仙墩；溪流众多，由于山势、地貌原因，水流大时形成诸多瀑流，气势壮观，如八水河的急流从30米之高的峰顶流下，

▲ 崂山景色

如垂直的白玉，击落在地面，发出的声音似龙吟，所以有玉龙瀑、龙潭瀑之称。"龙潭飞瀑""巨峰旭照"是崂山十二景中代表性景观。

崂山不仅有自然美景，也有人工建筑，太清宫、上清宫、明霞洞、华严寺等道观、寺庙，香火缭绕，经声阵阵，也充分说明了崂山是道教名山、佛教重地。

搜索吧

查阅资料，了解崂山的历史文化故事。

我查阅的资料：

_____

_____

资料库

崂山是道教发祥地之一，自春秋时期就有方士在这里餐霞修炼，汉武帝建元元年（前140年），张廉夫来崂山搭茅庵供奉三官并授徒拜祭，成为崂山道教的始祖。唐代李玄哲、宋代刘若拙相继修建，崂山成为道教圣地。金元时期，王重阳所创全真派兴起，全真道北七真涉足崂山，丘处机三次来崂山说法阐教，崂山道教达到鼎盛，曾有"九宫八观七十二庵"，成为道教全真第二丛林。

在崂山道教发展的漫长过程中，有李哲玄、刘若拙、丘处机、刘处玄、李志明、徐复阳、张三丰、孙玄清、耿义兰、齐本守等著名道人受过皇帝敕封。

▲ 太清宫与道士

现在留存下来的道观有太清宫、上清宫、明霞洞、太平宫、通真宫、华楼宫、蔚竹庵、白云洞、明道观、关帝庙、百福庵、大崂观和太和观。

资料库

崂山以自己的巍峨、幽邃、奇丽的山海景观吸引了无数人的攀登，留下了许多千古绝唱。

唐代浪漫主义诗人李白亲登崂山，在他的《寄王屋山人孟大融》中，视崂山为"洞天福地一方之胜境"。

寄王屋山人孟大融

我昔东海上，劳山餐紫霞。

亲见安期公，食枣大如瓜。

中年谒汉主，不惬还归家。

朱颜谢春晖，白发见生涯。

所期就金液，飞步登云车。

愿随夫子天坛上，闲与仙人扫落花。

智慧屋

观察下面的图片，请你为它写一篇介绍词，诗歌、散文都可以。

我的介绍词：

传说

"八仙墩"的来历

有一年，张果老、铁拐李、汉钟离、韩湘子、吕洞宾、曹国舅、何仙姑、蓝采和八位仙人从蓬莱仙境来逛崂山。这天，他们游遍了崂山，来到崂山南头的海边，坐在八块大石头墩子上，商量着过海东游的事。八仙各凭其宝，施展身手过了海。

东海龙王派鳌精在这把守海口子，起初这鳌精看见八仙表演各自的神技，看着看着就看花了眼，看迷了心，早把自己把守海口子的事忘干净了。直到它抬头见海边悬崖下已空无一人，只有大石墩子还呆呆地站在浅水里，才如梦初醒，自知放人过海犯下大错，定将受到东海龙王的严厉惩罚。顿时，它对八仙生起气来，直着那刚硬的脖子，伸出那尖尖的头，朝着张果老坐过的那块大石头墩子猛撞了过去。只听"呼通"一声，那又粗又高的大石头墩子便被撞歪在海中了。

只因这八块石头上曾坐过八仙，人们便叫它们"八仙墩"。当年叫鳌精撞歪的那石头墩子至今仍倒在崂山南头的浅海中呢！

像"八仙墩"这样来历有趣的石头，崂山上还有许多呢！

智慧屋

崂山壁立千仞、山峦巍峨，处处奇石怪岩，这样的地貌是怎么形成的？

资料库

　　崂山地貌按高程大致可分为上、下两层。上层为犬齿交错的山峰，海拔近1000米，它们是更新世期间经过多次冰期、间冰期交替变动而形成的。这期间气候干冷，日夜之间、冬夏之间温差很大，花岗岩在寒冻作用下，机械风化很快，大块大块岩石崩裂，形成参差不齐、面貌峥嵘的山峰。下层的花岗岩地貌，多是进入全新世之后形成的。此时，大海回归，风化占了优势，雨水和地衣植物参与这种风化，将质地均匀的花岗岩由表及里一层层剥离，一些早期崩落的巨大岩块，或原来没动的岩石，构成了崂山的这种雄伟、奇特的地貌形态。

　　崂山，矗立于黄海之滨，三面环海，绕崂山的海岸线长达87千米，特殊的地理环境造就了它绮丽的风景，常常会出现海市蜃楼。崂山集山、海、树、泉、瀑、洞于一体，不仅兼有泰山的雄、华山的险、黄山的奇、庐山的秀，还有它们所不具备的玄、巧。怪不得人们赞美它为"海上名山第一"。

▲ 崂顶云海

二、登台观海巡琅琊

游完了崂山，让我们往崂山的西南方向走，跨海来到位于青岛西海岸新区的琅琊台。琅琊台地处海滨，仿佛一条长鲸静卧在海面上。山虽不高，却气势恢宏，景色秀丽。

▲ 秦始皇遣徐福入海求仙雕像

沿着台阶蜿蜒而上，树木葱茏间，可见成组秦汉建筑风格的仿古建筑，琅琊文化陈列馆、徐福殿、云梯、御路、琅琊刻石，建筑群古朴典雅。登上琅琊台顶，秦始皇遣徐福入海求仙群雕映入眼帘，14 尊石雕像生动形象。向南眺，琅琊港码头与斋堂岛隔海相望；向北望，龙湾犹如一弯新月，沙滩细软，绵绵延延，碧波荡漾。转东侧，望越楼中越王像高高挺立，霸气隐现。站在琅琊台上环顾，海面白浪翻滚，山间林木苍翠，亭台殿阁静立其中，好似跟着秦皇巡视琅琊。

搜索吧

请你查阅资料，了解琅琊台的历史。

我查到的资料是：

_____

_____

资料库

　　琅琊台其名，史籍最早载于《山海经·海内东经》："琅邪台在渤海间，琅邪之东。"公元前473年，越王勾践灭掉吴国，为了自己称霸中原，从会稽迁都琅琊，在城东南5千米的琅琊山上修筑了台子。

　　姜太公在齐地作八神，其中四时主祠就立在琅琊台上，帝王常会来这里祈福降灾、祭祀巡游。在这里，可以观日出、定时节、望云气、祭祀四时主，天文学家根据史料，经过实地考察后，确认琅琊台是一个兼具观象授时与宗教祭祀功能的古观象台，是中国现存最古老的"海滨天文台"。

　　相传，秦始皇就是在巡察琅琊台时得知有长生不老药，因此亲遣徐福"入海寻仙"。

▲ 徐福东渡启航处碑

搜索吧

　　查一查，了解秦始皇巡察琅琊台的情况。

　　我查阅的资料：

_____

_____

_____

资料库

秦始皇统一六国后，于公元前219年开始巡视各郡县，三次到达琅琊台，第一次登琅琊，就被眼前美景吸引，非常高兴，在此逗留了三个月，并大修琅琊台，建造了琅琊台行宫，这是他建的除了函谷关外唯一的行宫。在这里，他两次召见徐福，接受徐福的上书，派他带童男童女东渡入海，寻仙问药。

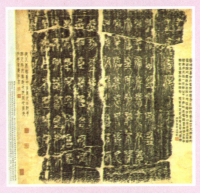

琅琊台历史悠久，是千古名胜，除秦始皇外，许多帝王也都以游历琅琊台为乐事，因而留下了很多有趣的传说。

▲ 琅琊刻石堪称国宝

智慧屋

让我们一起来交流琅琊台的传说吧。

_____

_____

搜索吧

先查找资料，将自己感兴趣的资料整理出来，再练习用自己的话讲述出来。

_____

_____

踩脚沟和争高山

在秦代以前，琅琊山两座山峰是肩并肩、一般高的。

秦始皇喜欢琅琊台的美景，但感觉琅琊台规模太小，与他君临天下的气势不相符，就下令重新修筑。他迁来三万户百姓，强征劳役，老百姓真是苦不堪言，天怒人怨。秦始皇白天驱赶着百姓筑台，奇怪的是台升高一层，台西侧的山头一晚上也长高一截。原来琅琊山的两峰沐浴日月光华，吸收天地灵气，海潮蔚涌，历经千年，从而有了灵性。见秦始皇筑台，两座山峰不一样高了，西边的山峰就要争高，所以，这边不断地筑台，那边山也不断地长高。如此往复，琅琊台总是低于西山。秦始皇怒了，狠狠地在西山上踩了三脚，大声呵斥："你敢再长！"那西山才不长了。秦始皇踩脚的地方塌陷，成了一道山沟，人们叫它"踩脚沟"。西面的山峰，因为与琅琊台争高，被称为"争高山"。

▲ 琅琊风光

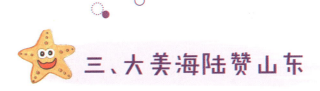

三、大美海陆赞山东

　　崂山、琅琊台青山隐隐，碧波荡漾，风光怡人。然而它们只是山东绮丽的海陆景观中的两处。山东半岛三面环海，东部深入海中。得天独厚的地理位置使得它拥有许多美不胜收的奇景异观。瞧，在琅琊台东面的海面上，有一座海岛与它并行，这就是灵山岛，古时候叫作"水灵山岛"，明清时期被列为"胶州八景"之一，有"海上画屏"的美誉，是中国的第三高岛。向南行，"海上仙山"——天台山与琅琊台南北相望。天台山集海、天、山、古、仙于一体，是东夷族太阳崇拜的发源地，也是中国方仙道文化的诞生地，有"人间仙境"的美称。

▲ 灵山岛风光

▲ 日照天台山

▲ 庙岛群岛风光

人们从蓬莱阁上望见的海中"神山"是久负盛名的庙岛群岛，也叫长岛。长岛的风光是原始的、天然的，32座岛屿宛如32粒珍珠撒落在海面。而横亘烟台、威海的昆嵛山则以"古、奇、幽、秀、俗"著称于世，被誉为"海上诸山之祖""东方群山之冠"。

山东省的海陆景观无数，而全国的海陆景观更是不胜枚举。

★ 实践栏

山东有这么迷人的海陆景观，可能很多同学都想结伴去观赏。为了旅途顺利，请你帮忙制定旅游攻略，绘制出旅游路线图。

海韵览胜

　　山东半岛就像一条蟠龙探头出海，直插黄海渤海间。从古至今，绵长的海岸线上，多少仙山、仙阁、仙岛拔海而起，引帝王将相、万千文人墨客、无数僧家道众纷纷前来，从而使之增添了浓郁的文化色彩。一片片海湾，一处处海岸，一座座仙山，一块块岛礁，印记着齐鲁大地几千年的发展历程，见证着齐鲁儿女世世代代的丰功伟绩。海阔天高，山海相连，如锦似画的景色，集儒、道、兵、法等多家文化于一体的齐鲁文化，激励着山东儿女继续传承和创造，不断丰富家乡的内涵。

领略庙岛显应宫与妈祖文化

海阔天空

长岛妈祖诞辰祭典

在北方沿海，特别是在长岛，妈祖文化在人们心目中的影响是十分久远而深刻的。人们行船遇风或生病，均向妈祖祈祷许愿，脱危后到显应宫还愿。农历三月二十三是妈祖诞辰日，纪念妈祖诞辰活动开始了……

▲ 舞傩表演

祭典活动当日清晨，长岛妈祖文化交流协会的近百名会员代表乘船渡海来到有着800余年历史的庙岛显应宫，举行妈祖诞辰参拜祭典活动。人们怀着一颗虔诚的心，上一炷香，祈求妈祖保佑海岛风调雨顺、各业兴旺；鞠一个躬，祝福人民生活幸福、日子红红火火。

▲ 舞傩表演

舞傩表演结束后，显应宫道长、方相士引导与会人员依次进入显应宫。

宫庙上方，太阳形成了巨大的光晕。信众们纷纷摘下颈上及手腕的饰物，置于妈祖神像前的案上，以求平安福祥。

▲ 长岛妈祖庆典祈福活动

妈祖文化与信仰是怎样传承的？

山东的妈祖文化是怎样的？

以山东为中心的其他海神信仰还有哪些？

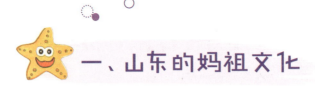
一、山东的妈祖文化

　　妈祖文化是劳动人民千百年来尊崇、信仰妈祖过程中遗留和传承下来的物质及精神财富的总称，是中华民族重要文化瑰宝之一。明崇祯元年，诏立官庙，由山东左都督杨国栋奉旨鼎建，崇祯皇帝御赐匾额"显应宫"，至此，显应宫的名声和规模达到鼎盛时期。清代，官府又对显应宫进行了多次增修和扩建，咸丰皇帝还御赐匾额"神功济运"。皇帝的赐封和拨款增修，无疑对妈祖文化的传播和影响产生了极大的推动作用，使妈祖文化日益成为正统的，无可替代的文化源泉。

▲ 庙岛显应宫

　　在我国北方，除庙岛显应宫外，供奉妈祖的庙宇还很多，但建庙时间均比庙岛显应宫晚，在历史上的影响力也远不如庙岛显应宫。庙岛显应宫就其历史的长久及其在人民群众中的影响方面，都无愧于北方妈祖文化的中心之地位。

　　在长岛，妈祖文化在人们心目中的影响是十分久远而深刻的，是黑暗中的灯火，是危难中的希望，是战胜困难和危险的一种动力。因此，自宋朝以来，在800余年的历史长河中，虽经世事变迁，朝代更替，但妈祖在人们心目中的地位却始终没变。庙岛显应宫一直香火鼎盛，人气极旺。人们行船遇风或生病，均向妈祖祈祷许愿，脱危后到显应宫还愿，或刻碑，或送匾、送船模、送斗篷衣物，或捐钱财。

资料库

新中国成立后，庙岛显应宫存有历代碑刻300余方，匾额300多块，船模400多只。游人们见到这些丰厚的妈祖文化积淀，无不感叹。1964年董必武副主席视察长岛时，看到庙岛显应宫有如此众多的文物，感叹之余，嘱咐对这些文物，包括显应宫本身一定要保护好。的确，这是前人给我们留下的历史文化遗产，这是一笔宝贵的财富，我们应该精心地加以珍惜和保护。

信息港

化草救商

湄洲之西，有一地方叫文夹（今名文甲），为湄洲湾出入之要冲，礁石夹杂。一次，一艘商船经过此地遭遇飓风袭击，船角触礁，海水涌进船舱，危急中传出求救哀号。妈祖闻后，焦急地对村民说：前头商船即将沉没，应速往援救。可是大家惧怕狂风巨浪，不敢向前。紧急关头，妈祖信手将脚边小草抛向大海。霎时间，小草变成大杉木，流向船旁，商舟缘于大杉木相附，不致沉没。风平浪息后，船上的人相庆大难不死，都以苍天相助，互相庆贺。待到船将靠岸，忽发现大杉木不知去向，经询问乡人，才知化草成杉附舟，乃是妈祖的神奇功力。这即是传说中的"化草救商"。

搜索吧

查阅资料，了解其他关于妈祖的故事，讲给同学们听一听。

我还知道妈祖的其他故事：

_____

_____

二、妈祖文化与信仰的传承

妈祖文化的北传及其能在长岛形成中心，是历史发展的必然结果。

在元朝，每年从南方运往京城的皇粮有 400 万石，其他商品货物更是不计其数，海运规模非常浩大。大批船只汇集于庙岛，船民向妈祖进香朝拜，已成风气。至元十六年（1279 年）前后，由闽、浙船民重修庙宇，改佛院为专门奉祀妈祖的道场，俗称海神娘娘庙，奠定了庙岛妈祖在北方妈祖文化中的核心地位。

明朝时，妈祖在北方的影响不断扩大，由长岛传播

▲ 妈祖像

到整个黄海、渤海沿岸，并远达朝鲜和日本。崇祯元年，诏立官庙，崇祯皇帝御赐匾额"显应宫"，至此，庙岛显应宫的名声和规模达到鼎盛时期。

至清代，长岛作为黄渤海地区第一大锚泊港口和北方航运中心，迎来了它最辉煌的时代。人口最多时达 2000 人，岛上建有福建、潮汕、山陕三家会馆。南北各地的官船、漕船、商船、渔船，均把这里作为航海中继站和货物集散地。

近年来，随着我国经济文化交流的日益增多，妈祖文化的交流也在逐步开展。庙岛显应宫作为北方妈祖文化的代表，在中国南北方及世界妈祖文化交流中均居于极重要的地位。

2001 年下半年，陆续有新加坡、日本及国内南方一些省市的妈祖文化代表团前来庙岛显应宫进香。长岛妈祖文化代表团与其进行了广泛的交流。

▲ 长岛千年妈祖因缘金身赴台结缘会亲活动

2002 年 5 月上旬，长岛县举办了妈祖诞辰 1042 周年暨庙岛显应宫香缘 880 年庆典活动。同年 10 月 11 日，台湾岛内信众最多、影响最大的妈祖庙——北港朝天宫还专程向庙岛显应宫赠送一尊黑脸妈祖贴金铜像及"四海同光"匾额一块，并在庙岛显应宫举行了盛大的开光安座仪式。同年 11 月 25 日到 12 月 1 日，应台湾北港朝天宫董事会的邀请，长岛组成妈祖文化赴台考察团，对台湾朝天宫等地进行了访问和学术交流，并赠送给朝天宫天后铜像（复制品）及凤冠、轿、五色土等。

2006 年，来自两岸的专家学者和宫庙代表齐聚长岛，对妈祖文化的历史沿革、沿海各地妈祖文化的特点、妈祖信仰在海峡两岸的传播与影响以及航海业发展与妈祖信仰的传播等进行了学术研讨，加深了海峡两岸的血肉情结，互促了两岸的文化交流。

▲ 长岛千年妈祖因缘金身赴台结缘会亲活动

　　一系列活动的开展，大力弘扬了妈祖文化精神，促进了南北方文化学术的交流，特别是对海峡两岸的沟通，起到了不可低估的作用。

资料库

青岛天后宫

　　"先有天后宫，后有青岛市"。青岛天后宫，位于青岛市前海栈桥风景区内的太平路 19 号。始建于 1467 年，距今已有 500 多年的历史，是青岛市区现存最古老的明清砖木结构建筑群，省级重点文物保护单位。500 多年前初建成时，天后宫由圣母殿三间和龙王、财神两配殿构成。后历经明、清、民国等七次维修扩建。1996 年，青岛市政府对其进行全面修复，并将其辟为"青岛市民俗博物馆"，于 1998 年 12 月 26 日正式对外开放。

▲ 青岛天后宫

智慧屋

小·小·辩论会

正方：妈祖文化要继续传扬下去。

_____

_____

反方：妈祖文化是迷信活动，不应该传扬下去。

_____

_____

三、以山东为中心的其他海神信仰

山东省是齐鲁文化的发祥地，历来有"齐鲁之邦，礼仪之乡"的美誉。山东省濒临渤海和黄海，沿海岸线有天然港湾 20 余处，有近陆岛屿 296 个；沿海滩涂面积约 3000 平方千米，15 米等深线以内水域面积约 1.3 万平方千米。这些优越的地理条件，使山东在海上运输和海洋资源开发利用方面都大有可为，也使山东具有了十分丰富的海洋民俗文化资源。

山东沿海渔民所信仰的神灵系统比较芜杂，像内陆农民所信奉的土地、灶王、财神（关公、赵公明、比干）、天地、火神、山神、狐仙（胡三太爷）等在渔民中也受到普遍崇信。在渔民的神灵信仰中，作为海神信奉的主要有龙王、民间仙姑以及海生动物鲸等。

▲ 龙王像

龙王

龙王是中国北方渔民普遍崇信的海神。龙虽然是中国古代很早就已经产生的神话生物，而且其最初的神位就有司水降雨的职能，但民间关于龙王的信仰还是与中古以后佛教的传入，尤其是与后来道教的龙王观念有关。

民间仙姑

山东沿海的渔民中，至今还流传着一些与海洋航行、渔业生产密切相关的仙姑的传说，这些仙姑的传说中，有部分情节与天后的事迹相仿。当地渔民把这些仙姑当作海神来信奉，有的地方还立庙定期举行祭祀活动。

▲ 何仙姑

鲸

山东沿海渔民还把鲸当作海神来祭祀，这是把海洋动物作为海神崇拜的信仰现象。

▲ 鲸

实践栏

以"以山东为中心的海神信仰"为主题设计一个思维导图。

海韵览胜

　　在漫长的传承演绎进程中，妈祖文化逐步传播至我国的沿海和台港澳地区，并随着华侨华人的脚印逐步传播到世界上的五大洲 20 多个国家。妈祖文化对世界华人具有很强的凝聚力，特别是在东南亚地区有着很大的影响。妈祖文化经过千年岁月，已经成为中华民族优秀传统文化的重要组成部分，并且成为联系海内外华人、沟通世界各地的文化桥梁和精神纽带。

去田横岛参加
祭海节

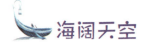 海阔天空

走近田横祭海节

每年 3 月，传承 500 余年的田横祭海仪式都会在田横岛省级旅游度假区周戈庄村主会场隆重举行！

早上 6 点，田横岛周戈庄码头，面对浩瀚的大海，渔民会按习俗设立好"三牲"（猪、鸡、鱼）祭品桌。

▲ 田横祭海节活动

祭海首要的是蒸面塑，面塑的重量一般在两千克以上。传统的造型有寿桃、大鱼等。如今渔民们还会在寿桃上设计梅花、牡丹、盘龙等饰物，用各种颜

▲ 蒸面塑   ▲ 渔家祭

色绘上油彩！

放炮鸣，起祀乐，擂大鼓，渔号献礼，列船摆贡，恭请龙王，载歌载舞……宏大的渔家祭海现场人声鼎沸、热闹非凡。

瞧，周戈庄祭海大集人山人海！

在大集上还有不少当地特色的小吃！田横糈糕、千里岩赤贝、甜晒的小海鲜、淡干鲅鱼……看着都要流口水！

▲ 祭海大集

▲ 大集上的小吃

田横祭海节是怎么来的？

别的地方也有这种祭海的活动吗？

除了海洋民俗节日，现代海洋节日是什么样的？

一、田横祭海节的渊源

祭海是渔民在漫长的耕海牧渔生活中创造的一种独具地域特色的渔家文化。渔民们在修船、添置渔具等生产准备工作就绪后，就会选个黄道吉日把渔网抬上船，开始祭海了，本地人也叫"上网"。

▲ "田横祭海"石刻

每到这个时节，百鱼上岸。在即墨市田横岛省级旅游度假区，当地渔民为祈求丰收、出海平安，都要举行盛大的祭海仪式——田横祭海节。

▲ 祭海节活动

▲ 祭海节活动

据专家考证，早在 6000 年前的新石器时代，先民们就在田横区域靠渔猎为生，繁衍生息，出海捕鱼时都要向海神祈福求安。明永乐年间，随着当地人口聚集，逐渐形成村落，祭海仪式初见规模。至民国初年，田横祭海形成以家族或船组为单位的集体祭海活动。每逢祭海，就如同春节，是渔村最热闹的日子。

随着生产能力提高、科技普及和渔民思想意识的转变，祭海在保留传统形式的基础上，由原来纯粹向海神祈福求安，逐渐转变为人们对美好生活的向往和期盼，形成了独具特色的民俗节日——祭海节。经过精心策划，田横祭海节已发展成为中国渔文化特色最浓郁、原始祭海仪式保存最完整、规模最大的民俗盛会，在 2008 年还被列入第二批国家非物质文化遗产名录，获得了首届节庆中华奖"最佳公众参与奖"殊荣，成为即墨文化和旅游形象的一张重要"名片"。

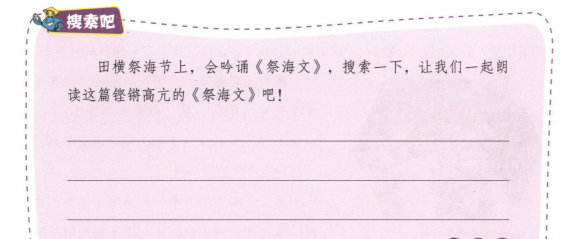

搜索吧

　　田横祭海节上，会吟诵《祭海文》，搜索一下，让我们一起朗读这篇铿锵高亢的《祭海文》吧！

_____

_____

_____

　　田横祭海对当地新农村建设有重大意义，在社会效益、经济效益和文化环境效益，以及助力山东半岛蓝色经济区的发展和培养、保护非遗文化传承人五个方面都有很大推动作用。

二、精彩纷呈的民俗海洋节会

山东荣成的国际渔民节

山东荣成的国际渔民节始于当地沿海渔民的谷雨节，后者至今已有 2000 多年的历史，是人们表达虔诚、祈求丰收的公共节日。渔民的节日祭海活动分三天。

▲ 准备祭品

第一天准备祭品。同一条船的渔民准备带皮去毛的肥猪 1 头、白面大馒馒 10 个、烧酒 1 瓶、香纸鞭炮 1 宗。单个家庭祭拜，一般用猪头代替整头猪。

第二天即谷雨节前一天下午，出海的渔民陆续上岸，带着祭品来到龙王庙或娘娘庙前，先摆贡品，再放鞭炮，然后烧香磕头，面海跪祭。

▲ 庙前祭海

第三天谷雨节之日，渔民欢聚一堂，席地而坐，大碗喝酒，大口吃肉，划拳猜令，谷雨节也因此成为渔民的欢乐节日。

国际渔民节的成功举办，让开放的视野更为广阔，荣成渔业探索向"大、名、深"的方向发展，作业范围由近及远，从浅蓝走向深蓝，带动了产业的全面提升。

▲ 渔民节活动

琅琊祭海

正月十三是胶东民俗中的"龙王生日"，

也是千年传统祭海节日。如今已成为青岛西海岸新区的一项重要文化品牌，并于 2015 年获批列入青岛市级优秀非物质文化遗产代表性项目名录。

▲ 琅琊祭海演出

2018 年琅琊祭海仪式，通过《四时主篇》《秦海丝绸路篇》《琅琊祭海篇》《海天和韵篇》四个篇章，重现姜太公封立四时主、徐福东渡等历史画面，表达渔民对大海的崇敬、感激之情和祈盼风调雨顺、渔业丰收的美好愿望。

▲ 琅琊祭海演出

2018 年祭海活动，设计了异彩纷呈的七大板块：祭海仪式、文艺演出、琅琊特产展销、民俗文化展示、特色小吃展卖、儿童游乐区和摄影大赛。弘扬了琅琊人民爱海、敬海、垦海等历史传统和时代精神，打造了西海岸新区乃至青岛地区覆盖广、影响大、受欢迎程度高的民俗文化活动。

搜索吧

同学们，像这样的民俗海洋节会还有很多，它们不仅是独具地域特色的渔家文化、祈福文化、海洋文化，更传承保护着民俗文化，而且推动了当地经济的发展。请查找资料交流一下你所知道的民俗海洋节会活动：

_____

_____

_____

民俗海洋节会	节庆渊源	特色活动	意义
京族的哈节	祭祀	迎海神、祭海神、送海神，唱"进香歌"，跳"进香舞""进酒舞""天灯舞"等传统民俗仪式。	表达对大海的敬畏之心，对海神和祖先们的感恩之情，对未来生活的美好向往。

制作室

面塑是许多北方民俗海洋节会的必备品，你会做面塑吗？

面塑——刺猬

工具：面粉、水、剪刀、黑芝麻等。

1.面粉和水放在一起和成面团。

2.面团揉光，醒发20分钟。

3.将面团搓成条，下成小剂子，做成刺猬一样一头尖的形状。

4.用剪刀剪出一根根的小刺。

5.剪出刺猬的形状，用黑芝麻做眼睛。

6.放入蒸笼蒸熟。

三、聚焦现代海洋节会

我国很多沿海城市都举办了独具特色的海洋节会。

青岛国际帆船周·海洋节作为青岛市重要节庆品牌是培育融蓝色经济、海上运动、海洋文化旅游、海洋科技于一体的海洋盛会。

▲ 2021 第十三届青岛国际帆船周·青岛国际海洋节在青岛奥帆中心国际会议中心隆重开幕

▲ 青岛奥帆中心

▲ 帆船周的国际赛事

　　舟山群岛举办的中国海洋文化节设立了新颖别致的活动内容，符合当前世界旅游发展的潮流。发展海洋经济，体育是一个载体。体育先行，促进餐饮、休闲运动、体育产业、旅游等多个行业的发展，从而促进经济、社会等方面的发展。

▲ 帆船周参展的俄罗斯"帕拉达"号帆船

▲ 2021 舟山群岛·中国海洋文化节

▲ 浙江省第三届海洋运动会沙滩舞龙比赛

▲ 2009 秀山岛 "我为泥狂" 海泥狂欢节

智慧屋

　　这些丰富多彩的海洋节庆活动给当地带来了哪些变化？我们调查一下吧！

我的发现

- 丰富了人们的文化生活，提高了生活质量。
- 带动了当地的旅游业，促进了经济的发展。
-
-
-
-
-
-
-
-
-

海韵览胜

千百年来，蓝天与碧涛相挽，浪花与白云相嬉，城镇和乡村浸染着海的颜色，海是生命之源，海是养育之神。祖祖辈辈生活在海边的渔民对于大海充满了感激之情，在他们心中祭海不再是一种迷信的祭祀仪式，更多的是一种信仰。这些海洋的节日更承载着人们对大海的深情和敬畏，发展和丰富着海洋文化的内涵，提升着城市的文化品位。

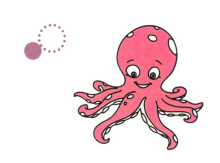

渔民的智慧
——渔船与渔网

休渔结束撒网忙

　　俗话说"靠山吃山，近海吃海"。为期四个月的休渔期结束了，沙子口码头的渔船修补一新，蓄势待发。码头上聚集了100多艘渔船，现场一片热闹欢腾。百艘渔船在一阵阵的鞭炮声中，一齐向外驶去，浩浩荡荡，场面十分壮观。一张张渔网陆续撒向大海，撒下的不仅仅是渔网，还有渔民们的希望。收网了，网里有肥美的鱼、鲜活的虾、诱人的螃蟹……渔民们的脸上洋溢的是丰收的喜悦，是对美好生活的向往。

▲ 开海渔获

▲ 修补渔网

▲ 停靠的渔船

▲ 修补渔船

渔船、渔网在渔民生活中有什么作用?

关于渔船有哪些讲究?

怎样编织渔网?

一、渔船

渔船的云集，是渔港最开心之时。船一字排开，仿佛肩挨着肩。船上桅杆林立，红旗飘扬，把渔港装扮出一种多彩的景致。

▲ 渔船

▲ 渔船

　　山东渔民的旧式渔船有三种：舢板、单篷船、大篷船。小而无篷的叫"舢板"，用于近岸海上钓鱼钓蟹、近海养殖；单篷的"单篷船"，也俗称"脚子"，即只有一桅一篷，另设六支橹桨，出近海打鱼多半用它；三桅三篷的是大船，俗称"大篷船""大风船"，一般用于到较远海域的渔场赶鱼汛，在渔区运输等。

搜索吧

　　渔船是海上渔家必不可少的，渔船多种多样。结合以上内容，再查阅一下相关资料，说说渔船的种类及作用。

种类				
作用				

▲ 渔船

渔船上的名称，处处有学问。一是形象生动，从不死搬硬套。比如"舢板"，一听就知道是几块木版"拼接"起来的小船；"脚子"因是单帆，海面上远远一看，就像一条腿脚。二是用心，体现着心灵的寄托和平安吉祥的愿望。比如"大篷船"，渔民忌讳"帆"与"翻"同音，称"帆"为"篷"。一有"蓬勃"寓意，二有"蓬蓬"风声，挂帆启航，要的就是好风。

智慧屋

造船工程完工前后的仪式是最隆重的，其中也有许多讲究。你知道有哪些讲究？和同学们一起交流一下吧！

我们山东海边的渔民世世代代以海为生，用自己的智慧搏击风浪。

资料库

出海仪式

在黄渤海之间海域的长岛县，旧时春季"打风网"，出海时要举行隆重的仪式：将渔网捆成几个堆，堆放在村头广场或海滩上，事前备好一个用谷草扎制的火把，准备一个瓢，瓢内装满荞麦面，另在场地放几个捞鱼网兜。仪式开始时，一人燃放鞭炮，一人点火把，爆竹一响，即举着火把围着网堆奔跑，

▲ 出海仪式

▲ 渔船出海

另一个人持瓢追赶举火把的人，一边跑，一边撒荞麦，追上举火把的人之后连荞麦面带瓢一同扣在他头上，即所谓的"扣点"。围观的群众放声大笑，齐声呐喊："扣着了！""满了！"火把表示驱邪，扣着火把的人表示打着了鱼群。祭罢，船在海湾内绕行，四人持捞鱼网兜向海中做捞鱼动作，同时唱捞鱼号子。然后才撑篷出海。

渔业文化作为一种文化遗产，是一笔宝贵的精神财富，既是渔民生活的缩影和记忆，也是渔民精神文化活动及民间信仰祈福的展现和传承。

二、渔网

渔网，是渔业生产不可缺少的捕捞工具。梭子穿行在织网人的手中，一件件实用的艺术品便诞生了！渔网的编织技术有几十种，这种渔业文化经历了一代又一代渔民的累积，如大浪淘沙一般逐渐磨砺，逐渐形成，并经口传心授代代传承。世世代代的渔民便是用这些亲手编织的渔网，撒下希望，捕捞幸福。

探究天地

如何织网呢？

渔网编织——打结法

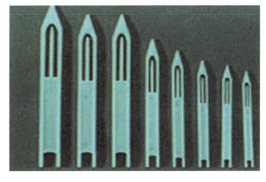

1. 梭子。最正宗的梭子是用竹片制作的。

2. 丝线。为防止鱼儿在水下受到惊吓跑走，渔网一般选择暗淡的浅灰、浅黄色。

3. 梭子绕线。把丝线绕到梭子上去。

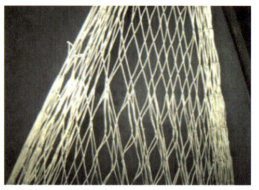

4.尺板。尺板的大小取决于网眼的尺寸。尺板一般也是用竹片制作的。

5.编织渔网。用左手拿着尺板，右手拿梭子开始编织。从左往右编织，一层一层编制下去，就得到了一张渔网。

除了上面传统的渔网制作方法——打结法，你还知道哪些方法？请你学一学，也试着编织渔网吧。

资料库

渔家女们勤劳能干，个个都是织网能手。她们相聚一起，边织网，边谈天说地，创作了一首首织网小调。

大海边，沙滩上，
风吹榕树沙沙响。
渔家姑娘在海边，
织呀织渔网，
织呀么织渔网……

▲织网

在渔村码头上，最常见的风景是一顶顶堆积得如座座小山的渔网；在渔家庭院里，最精彩的风景就是看渔家女们织网。

还有一首非常浓郁纯正的《织网歌》，几乎每个织网女都会哼，在20世纪七八十年代的渔村文艺演出中，这一载歌载舞的节目一直很受渔民的欢迎。

红太阳升东方，南海滔滔翻清浪，渔家姑娘在海滩，飞针走线织渔网，织网哟，织网哟（快快织，快快织哟……）

织成渔网心欢畅，渔船冲破千重浪，千张大网撒碧海，载回鱼虾装满舱，织网哟，织网哟（快快织，快快织哟……）

海风吹、凉又爽，万里海疆好风光，渔家姑娘学大寨，丰收渔歌传四方，织网哟，织网哟（快快织快快织哟……）

⭐ 实践栏

渔家姑娘真是勤劳、能干！分小组改编或创作有趣的织网小调，并在全班展示一下吧！并将属于你的织网小调写下来。

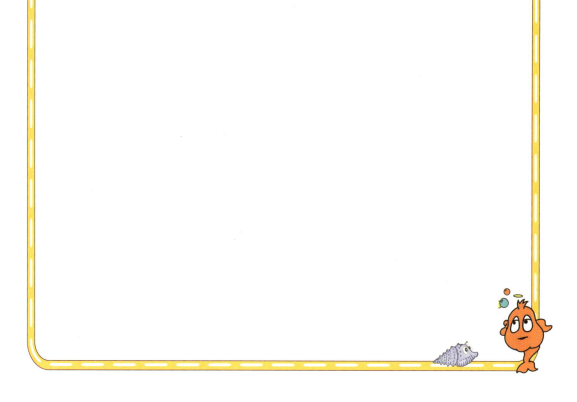

资料库

俗语——三天打鱼 两天晒网

"三天打鱼 两天晒网"俗语的意思是，打鱼需要持之以恒，只有坚持才能有收获。晒网是指渔民捕鱼期间，需要对网进行修补和晾晒，晾晒期间渔民可以休息。一般修补一次就可以打很长时间的鱼，而三天打鱼两天晒网，则是没有干多少活就休息，表明做事不坚持，无恒心。

三、远洋捕捞与海水养殖

随着科技发展日新月异，远洋捕捞已经得以实现，昔日的小舢板摇身一变为远洋大船，为我们带来种类繁多、营养丰富的深海美味。大大丰富了老百姓们的"菜篮子"。而海水养殖的网箱，也渐渐代替扬撒的渔网，使渔民免受风急浪颠之苦，便能渔获满仓，日子富足。

▲ 网箱养殖

智慧屋

同学们，你知道什么是远洋捕捞吗？远洋捕捞为人们的生活带来了哪些便利？请你写写对远洋捕捞的看法和认识。

我的看法：

你知道海洋牧场吗？海洋牧场的类型有哪些？请你做一个小小设计师，设计一处海洋牧场。

我知道：

080

《沙画——渔船》

准备材料：黑色 KT 板、细沙、胶水、调色盘、板刷、画笔等。

制作步骤：

第一步：在黑色 KT 板上起稿，将船的大体轮廓刻在 KT 板上，由简到繁，逐步丰富船体的一些线条细节。

第二步：分层涂胶，涂胶时先勾勒船体外轮廓，注意线条的粗细变化，粗细均等，然后撒沙，再轻轻把多余的沙倒掉。

第三步：继续绘制船体内部结构，注意线条的粗细变化，粗细均等，然后撒沙，再轻轻把多余的沙倒掉。

第四部：晾干之后，用板刷将黑色 KT 板上多余的沙刮扫掉。

第五步：将背景用细沙做最后的处理，使画面更丰富和谐。

（撰稿人：青岛市崂山区姜哥庄小学　刑文菁）

渔民的"休闲生活"

海上垂钓

在山东半岛沿海和海岛各地的考古遗址遗迹中，不断发掘发现许许多多龙山文化，甚至大汶口文化时期海上钓鱼的鱼钩，这是几千年甚至上万年之前山东先民们进行"海上垂钓"的实物见证。只是，那时渔民们的垂钓是他们的"生计"，是他们的生活方式之一。

▲ 海钓

赶海

山东半岛三面环海，每到海潮退去，渔村的儿童、妇女及老人便纷纷来到海边赶海。他们在长期的劳动中总结出不少经验，并用谚语的形式代代相传。如烟台芝罘区谚云："东北风，十个篓子九个去。"是说刮东北风的时候，赶海不会收获太多。龙口屺姆岛对海螺俗称"辣肉"，谚云："麦子上场，辣肉上床。"是说麦收时节在礁石上会聚集很多海螺，赶海的人会大有收获。

▲ 赶海

海韵览胜

　　日出而作，日落而息。渔家人日复一日、年复一年地守望着大海，聆听大海的歌吟。渔船和渔网赋予了渔家人世代相传的智慧和拼搏向上的精神。每天的潮起潮落，印记着他们的牵挂和希冀，在扬帆起航的征程里，在每一天迎日出、送晚霞的时刻，渔家人播撒希望，收获甘甜，大海的美与豪放激发一辈辈渔家人心如大海、热爱生活。

纵观海上屈辱史

 海阔天空

来自海上的屈辱

　　每一个时代，都是历史的片段。在中国近代半殖民地半封建的历史中，屈辱往往是从海上打破我们的国门；山东威海、青岛就曾见证了那些屈辱的历史片段。

　　威海卫战役是中日甲午战争中保卫北洋水师根据地的防御战，也是北洋舰队对日本的最后一战。日本海军于1895年2月3日向刘公岛和北洋舰队发动进攻，中国将士英勇抗击。最终，刘公岛被攻破，丁汝昌、刘步蟾自杀殉国，北洋舰队至此全军覆灭。

　　中日甲午战争后，中日签订《马关条约》，规定中方向日方割地赔款，清政府因此背负沉重外债，国力日趋衰退，沦为半殖民地半封建国家。

▲ 威海刘公岛上的中日甲午战争纪念馆

　　1897 年 11 月 14 日，以"巨野教案"为由，德国的军舰在清军毫无防备的情况下轻而易举从栈桥登陆，随后迫使清政府签订了《胶澳租借条约》，胶澳（今青岛）成为德国海军东亚分舰队的主要基地。

　　第一次世界大战结束后，战胜国于 1919 年 1 月在法国召开巴黎和会，中国作为战胜国提出了收回青岛主权等正当要求，但遭到英、法、美、日等国的拒绝，并强行将青岛主权转让给日本。消息传来，全国震惊，北京学生于同年 5 月 4 日举行游行示威，这就是著名的"五四运动"。迫于国内压力，中国北洋政府被迫拒绝在巴黎和会上签字，粉碎了日本企图永久侵占青岛的阴谋。1922 年 12 月 12 日，中国收回青岛主权。

▲ 青岛德国总督官邸旧址博物馆

　　1840 年以来，近代中国几乎所有的屈辱都是从海洋上开始的。晚清时代，中国的海权观念迟迟未能觉醒，对海洋国土、海洋资源、海上交通线完全处于懵懂状态，几乎一无所求。淡薄的海洋观念以及对海洋权益的漠视把清廷国防战略的制定引向了歧途，而且对我国维护海洋权力和利益的事业造成了长期的、消极

的影响，给我们留下了深刻的历史教训。

一、海权意识与海上屈辱

中国近代屈辱史为什么大多都来自海上呢？

海权，一直是一个大国得以强大发展的重要保证。所谓"海权握，国则兴；海权无，国则衰"。正是对海权在综合实力上所有作用的印证。海洋为国家的发展提供了足够的空间，因为海洋本身就蕴藏着丰富的资源；海洋为国际贸易提供了桥梁和纽带，其广阔的海面为各国进行海外贸易提供了便利的交通；拥有海权意味着拥有无可匹敌的安全优势，海洋作为一个国家的天然保护屏障，为国家安全带来了优势。

历史上的中国虽然最早走向海洋，但并不具有海洋意识和海权意识。

资料库

清王朝千方百计地"禁海"，限制对外贸易，重农抑商，顽固抑制资本主义商品经济的发展，竭力维护封建主义的经济基础。在这种情形下，中国虽一度"强兵"在先，但听任"富国"滞后，终不能达到真正的"强兵"。于是，中国海军衰败，海上藩篱尽失，国家日益沉沦，其"自强""求富"的整个近代化事业亦终成泡影。

从18世纪到鸦片战争的百年间，清政府长期处于财政拮据、入不敷出的窘境。因此在鸦片战争期间，钦差大臣林则徐等人所进行的海防振兴事业，极少得到清政府在经费上的支持，全靠自行筹集款项。及至李鸿章具体主持海军发展的年代，矛盾就更尖锐了。由此可见，一个封建落后国家，在当时是很难搞好海军建设和发展的。

中国发展近代海军仅仅用之于"防"。清政府在发展海军时全然没有高瞻远瞩的国家发展战略，从来就未从国家需要控制和利用海洋的高度，去做发展海军的通盘筹划。这必然制约海军的军事战略，因为服务于闭关自守的国家政治目标时，海军只被用于守卫海防，保住疆土，而不需要争夺海权，不需要具备远洋进攻的能力和信心，也不需要与之相适应的战略战术。

智慧屋

2000多年前的古罗马哲学家西塞罗说："谁控制了海洋，谁就控制了世界。"意思是谁控制了海洋，谁就拥有了控制海上交通的能力；谁拥有了控制海上交通的能力，谁就控制了世界贸易；谁控制了世界贸易，谁就控制了世界财富，从而也就控制了世界本身。

为什么说"谁控制了海洋，谁就控制了世界"？请你通过各种
渠道搜集资料，分享你的学习成果吧！

我的依据：＿＿＿＿＿＿＿＿＿＿＿＿＿＿＿＿＿＿＿＿＿＿＿＿

＿＿＿＿＿＿＿＿＿＿＿＿＿＿＿＿＿＿＿＿＿＿＿＿＿＿＿＿＿＿

 # 二、从海洋争端到中国维权

海洋权益是指一个国家在海洋事务和海洋活动中依法享有的权力和利益的总
称，包括领海主权、岛屿主权、海域司法管辖权、海洋资源开发权、海洋空间
利用权、海洋污染管辖权、海洋科学调查研究权。当前，我国在海洋权益上面临
的突出问题是维护海岛权益。

1. 钓鱼岛及其附属岛屿自古以来就是中国的神圣领土

▲ 中国海监钓鱼岛巡航执法

钓鱼岛及其附属岛屿位
于中国台湾岛的东北部，是
台湾的附属岛屿，由钓鱼岛、
黄尾屿、赤尾屿、南小岛、
北小岛、南屿、北屿、飞屿
等岛礁组成。

钓鱼岛及其附属岛屿自
古以来就是中国的神圣领

▲ 中国海监飞机巡航钓鱼岛

土，有史为凭、有法为据。钓鱼岛等岛屿是中国人最早发现、命名和利用的，中国渔民历来在这些岛屿及其附近海域从事生产活动。早在明朝，钓鱼岛等岛屿就已经纳入中国海防管辖范围，是中国台湾的附属岛屿。

2. 中国对南沙群岛及其附近海域拥有无可争辩的主权

南海位于我国南部，南接大巽他群岛中的加里曼丹岛，东邻菲律宾群岛，西面是中南半岛和马来半岛。南海海域辽阔，为热带海洋，分布着许多珊瑚礁、岛和暗沙。散布在南海中的岛、礁、沙、滩等总称为南海诸岛，是中国最南端的岛屿群，依照其地理位置分为东沙群岛、西沙群岛、中沙群岛、南沙群岛。

在我国南海，南沙群岛范围内分布着230多个岛屿、沙洲与礁、滩，是南海诸岛中岛礁最多的珊瑚礁群，岛礁散布范围广泛。已定名的岛、洲、礁、沙、滩共189座。中国最早发现、命名南沙群岛，最早并持续对南沙群岛行使主权管辖。对此我们有充分的历史和法理依据，国际社会也长期予以承认。

资料库

三沙市人民政府正式成立

2012 年 6 月 21 日，经国务院批准，撤销海南省西沙群岛、南沙群岛、中沙群岛办事处，设立地级三沙市，管辖西沙群岛、中沙群岛、南沙群岛的岛礁及其海域。2012 年 7 月 24 日，三沙市人民政府挂牌成立，三沙市人民政府驻西沙永兴岛。

▲ 永兴岛局部

搜索吧

同学们，海洋权益不只包括岛屿主权，还有领海主权、海域司法管辖权、海洋资源开发权、海洋空间利用权、海洋污染管辖权、海洋科学调查研究权，选你感兴趣的几个方面，通过网络、书籍等各种途径，了解我国维护海洋权益的重要举措，与小伙伴交流一下。

我了解的海洋权益	我国的举措

三、现代中国海洋强国战略掀开新篇章

习近平总书记在党的十九大报告中明确要求"坚持陆海统筹，加快建设海洋强国"，为建设海洋强国再一次吹响了号角。21 世纪是海洋的世纪。我国是拥有300 万平方千米主张管辖海域，1.8 万千米大陆海岸线的海洋大国，壮大海洋经济、加强海洋资源环境保护、维护海洋权益事关国家安全和长远发展。我们必须坚持陆海统筹，加快建设海洋强国。着眼于中国特色社会主义事业发展全局，统筹国内外两个大局，坚持陆海统筹，坚持走依海富国、以海强国、人海和谐、合作共赢的发展道路，通过和平、发展、合作、共赢的方式，扎实推进海洋强国建设。

抓紧完成内部行政体制、外部协同机制建设；增设海洋强国专项资金，支持海洋强国发展政策；打造海洋人才梯队，保障海洋强国战略有力推进实施；持续推动海洋经济发展，提高海洋经济效益；推进海洋生态文明建设，保护海洋生态环境；发展海洋科学技术，推动海洋科技创新引领；维护海洋强国的合法权益。

▲ "蛟龙"号

▲ 我国积极开发利用海洋资源

2019 年 4 月 23 日，中国人民海军举行了历史上最大规模的海上阅兵，来自14 个国家的 21 艘舰艇同时接受检阅。包括中国海军核潜艇在内的一系列战略舰艇亮相阅兵式，让国外媒体惊呼不已。

🐚 海韵览胜

习近平总书记指出，我们爱好和平，坚持走和平发展道路，但决不能放弃正当权益，更不能牺牲国家核心利益。要统筹维稳和维权两个大局，坚持维护国家主权、安全、发展利益相统一。要坚持"主权属我、搁置争议、共同开发"的方针，推进互利友好合作，寻求和扩大共同利益的汇合点。要做好应对各种复杂局面的准备，提高海洋维权能力，坚决维护我国海洋权益，为海洋发展提供坚强力量支撑。

从北洋水师到现代人民海军

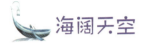 海阔天空

我国第一艘国产航空母舰
——山东舰交付海军

2019 年 12 月 17 日，南海之滨的三亚，水天一色，日暖风清。军港内，山东舰伏波静卧、满旗高悬，来自海军部队和航母建设单位的代表约 5000 人在码头整齐列队，气氛隆重热烈。我国第一艘国产航空母舰下午将在此交付海军。

下午 4 时许，交接入列仪式开始，全场高唱中华人民共和国国歌，五星红旗冉冉升起。仪仗礼兵护卫着八一军旗、命名证书，正步行进到主席台前。习近平将八一军旗、命名证书分别授予山东舰舰长、政治委员。山东舰舰长、政治委员向习近平敬礼，从习近平手中接过八一军旗、命名证书。经中央军委批准，

▲ 山东舰入列

我国第一艘国产航母命名为"中国人民解放军海军山东舰"，舷号为"17"。

从北洋水师到国产航母入列，近150年来，坚韧勇敢的中国人一直孜孜以求的海洋强军梦正一步步走向现实。

我们的海军从前也这么厉害吗？

我们的人民海军是怎么发展起来的？

我国现在的海军力量有多强大？

一、北洋水师

近代中国遭受外国的入侵，是从海上开始的。西方列强凭借坚船利炮，强行打开了古老中国的大门。在遭受凌辱和失败之后，清朝的一些有识之士，也提出了模仿西方列强，组建中国近代海军的构想。

北洋水师，或称作北洋舰队、北洋海军，1888年正式成立，是中国建立的一支近代化海军舰队，同时也是清朝建立的四支近代海军中实力最强、规模最大的一支。主要军舰大小共有25艘，辅助军舰50艘，运输船30艘，官兵4000余人。

北洋水师于 1888 年（光绪十四年）12 月 17 日于山东威海卫的刘公岛正式成立，清政府每年拨出 400 万两白银给予海军建设。舰队实力曾是亚洲第一，世界第九（采用当年《美国海军年鉴》排名，前八名分别为英国、法国、俄罗斯、德国、西班牙、奥斯曼土耳其、意大利、美国）。

▲ "定远"号旧照

所以在相当一段长的时间里，因为北洋海军的存在，中国的沿海保持了数年的平静，李鸿章才有底气说出"（北洋海军）就渤海门户而言，已有深固不摇之势"的豪言。但当 1894 年甲午战争开始，由于日本蓄谋已久，而清朝仓皇迎战，这场战争以中国战败、北洋水师全军覆没告终。

搜索吧

查阅资料，了解北洋舰队全军覆没的原因。

我查阅的资料：

_____

_____

资料库

北洋舰队军歌

宝祚延麻万国欢，景星拱极五云端。

海波澄碧春辉丽，旌节花间集凤鸾。

自甲午战争战败后，这首军歌就湮没于中国的历史之中。直到 2012 年，中国海军史研究会会长陈悦在英国的外交档案馆资料中发现了北洋军歌，才把这首歌重新带回国内。经过对原曲谱的整理后，军内资深音乐家雪野按照现代方式进行了谱曲，这首军歌得以焕发新生，并在 2014 年的《北洋海军兴亡史》中得到展现。

智慧屋

通过对曾经的"亚洲第一"的北洋水师资料的学习，你有什么想说的?

我想说：_____

_____

_____

一、新中国成立后的海军发展

　　近代中国因海而"伤"，1.8万多千米的大陆海岸线曾被列强的铁蹄踏过，北洋水师的覆没是中国人的"痛"。没有一支强大的海上力量，我们的国土安全、国家和平发展便没有保障。1949年，人民海军在江苏泰州白马庙宣告成立，大国佩剑，人民海军伴随着国家经济复兴而逐渐壮大。为保护我国领海主权，维护我国海洋权益，中国人民解放军海军在中国共产党的领导下，走过了从小到大、从弱到强的峥嵘岁月。

资料库

中国人民解放军海军博物馆

　　中国人民解放军海军博物馆是由中国海军组织筹建的大型专业性军事博物馆，是中国唯一的一座全面反映中国海军发展的博物馆。1988年11月筹建，1989年10月1日正式对外开放，

▲ 中国人民解放军海军博物馆正门

1993年3月正式列编。海军博物馆位于山东省青岛市，坐落于青岛市莱阳路8号，东邻鲁迅公园、西与小青岛公园仅一水之隔、南濒大海、北与栈桥隔水相望，西邻青岛湾，临海处原是海军驻青部队小型船舰的停泊之处。海军博物馆占地4万多平方米，包括室内展厅——军服礼品展厅、海战史展室、武器装备展区、海上展舰区。馆藏的数千件珍贵文物，从不同侧面反映了中国人民海军从无到有、不断壮大的历程。

实践栏

　　新中国成立后发展中的中国海军都有哪些著名舰艇，它们属于什么类型及其功能有哪些？请你为它设计一张小名片吧！

二、我国现代海军力量

随着中国经济飞速发展，中国与世界相互依存的程度日益加深。但是，海域划界、岛屿纠纷、资源开采、航行安全、海盗威胁等涌现出来的海上安全问题，给人民海军提出了完成多样化任务的要求。"蓝军勇士"只有有效维护国家的主权和海洋权益，才能为当前和未来我国经济的持续高速发展提供强有力的后盾和支撑。

因而，在党和国家高度重视下，我国海军崛起速度非常快，被认为是目前发展潜力最大、发展速度最快的海军部队。随着两艘航母和055导弹驱逐舰的入列，我国海军可徜徉远洋，拥有了万里集结、远洋作战的攻防能力，已成为一支保卫国家主权和领土完整，维护地区和世界和平的强大海上力量。

资料库

中国人民解放军海军兵种

水面舰艇部队，指在广阔海域执行作战任务的海军兵种，完成各种海上战斗、战役和战略性海上战役，进行反舰、反潜、防空、水雷战和对岸攻击。其主要舰种有航空母舰、驱逐舰、护卫舰、登陆舰等和侦察船、补给船等勤务船。舰载航空兵部队作为航母战斗力建设的核心部分，是海军新型作战力量建设的代表和海军战略转型的先锋，在发展航母事业、建设强大海军全局中具有十分重要的作用。

潜艇部队，包括常规动力潜艇和核潜艇，主要担负保卫海上交通线、海上护航、侦察、巡逻、布雷、运输等任务。

海军航空兵部队，主要指在海洋上空完成作战任务的海军兵

▲ 2018 年中国南海海上阅兵式上的航母编队

种，其使命是夺取、掌握濒海和海洋空域制空权，协同和保障海军其他兵力夺取制海权，保卫国家领海、领空安全和维护国家海洋权益。

海军岸防部队，部署在沿海重要地段、岛屿，是以岸基火力遂行海岸防御任务的海军兵种，由海岸炮兵部队和岸舰导弹部队组成；其基本任务是封锁海峡、航道，消灭敌方舰船，掩护近岸海区的交通线和舰船，支援海岸、岛屿守备部队作战，保卫基地、港口和沿海重要地段的安全。

海军陆战队，是以完成两栖作战为主要任务的海军兵种，其使命是实施登陆进攻作战，在配合陆军部队登陆作战时担负先遣登陆任务，支援岛屿作战，实施反登陆和执行其他特殊任务等。

进入 21 世纪以来，人民海军在防止杀伤性武器扩散、海陆空通道安全防卫、反恐怖、联合搜救和人道主义救援等领域，经常与外国海军进行联合军事演习和演练。联合军事演习不仅频率越来越高、规模越来越大，而且领域更加广泛、内

▲ "和平－09"多国联合军演

容更加丰富、合作更加深入。例如，2009年3月，"广州"号导弹驱逐舰赴巴基斯坦参加"和平－09"多国联合军演，在主炮对海实弹射击、临检拿捕、直升机互降等多个课目中取得优异成绩。在这次行动中，中国海军首次派出特战分队参与了陆上反恐演习，表明中国海军与外军的海上反恐合作交流有了新的拓展。

海韵览胜

　　北洋水师作为中国历史上第一支近代海军，充满了悲壮的色彩！但是，中国人向往海洋的雄心没有因此而消失，中国人走向远洋的步伐更加坚定！毛泽东同志一直关注人民海军的建设，曾为海军题词："为了反对帝国主义的侵略，我们一定要建立强大的海军。"百年之后，中国人民海军终于如蛟龙出海，仗剑大洋，为国家海防担当，为世界和平担当，屹立于世界东方。